D1478457

Me llamo...
Marie Curie

Parramón

Proyecto y realización
Parramón Ediciones, S.A.

Dirección editorial
Lluís Borràs

Ayudante de edición
Cristina Vilella

Texto
Lluís Cugota

Ilustraciones
Luisa Vera

Diseño gráfico y maquetación
Zink Comunicació S.L.

Dirección de producción
Rafael Marfil

Producción
Manel Sánchez

Quinta edición: abril 2011

Marie Curie
ISBN: 978-84-342-2825-2
Depósito Legal: B-7.328-2011
Impreso en España
© Parramón Ediciones, S.A. – 2005
   Rosselló i Porcel, 21, 9ª planta
   08016 Barcelona (España)
   Empresa del Grupo Norma de América Latina

www.parramon.com

Hola...

Desde siempre quise saber el porqué de las cosas. De pequeña, cuando vivía en Varsovia, o ya de mayor, cuando fui a París, quería saber por qué las cosas eran como eran. Cada día descubría un mundo nuevo. Cada noche rondaban por mi cabeza un montón de preguntas sin respuesta. Como quería ampliar mis conocimientos fui a la universidad. Y me casé con Pierre, con quien compartí esa misma actitud ante la vida. Fruto de esa unión tuvimos dos hijas preciosas. Viví una época de grandes cambios para la ciencia. Se dijo que en aquellos años refundamos la física, y quizás haya algo de cierto en esa afirmación.

Luego vino el reconocimiento internacional. Fui la primera mujer que se doctoró y que fue profesora de Ciencias en la prestigiosa Universidad de la Sorbona. Obtuve dos premios Nobel, en Física y en Química, en reconocimiento a mis aportaciones a esas disciplinas del saber. Reyes, presidentes y académicos requerían mi presencia. Os confieso que todo aquello me complacía... Pero siempre me acompañó el recuerdo de la época del cobertizo. Aquel cobertizo destartalado en el que Pierre y yo pasamos incontables horas preguntándonos qué elemento químico podía ser aquel que emitía esas radiaciones tan sorprendentes.
Lo llamamos polonio. Luego, descubrimos el radio. Dijimos que aquel fenómeno era la radiactividad. Siempre creímos que la radiactividad era una propiedad interna de un átomo inestable, de un átomo que era una caja de sorpresas... y de energía.

NOBEL
Marie Curie

1911

Nací
en una época alborotada

Vine al mundo el 7 de noviembre de 1867 en la capital de un país que no existía. Varsovia era sólo una ciudad de una provincia del Imperio ruso. El resto de Polonia estaba repartido entre Prusia y Austria.

Vivíamos una época de continuas agitaciones y revueltas. El poder ruso lo controlaba todo. No podíamos hablar ni estudiar en polaco e incluso, ya de niños, sabíamos que había cosas que era mejor no nombrar. Sólo tenían valor los diplomas otorgados por la escuela rusa.

Mi infancia transcurrió en aquellos años de movimientos nacionalistas y de afirmación como pueblo. Por eso, mucho tiempo después, cuando descubrí un nuevo elemento químico, no dudé en ponerle el nombre de polonio. Aunque por aquel entonces vivía muy lejos de Polonia, fue un pequeño homenaje a mi país, al cual siempre quise muchísimo.

Por cierto, me llamo María Sklodowska, pero de pequeña todos me llamaban Mania. Fui la menor de cinco hermanos: Zofia, la mayor, murió de tifus a los catorce años; Bronia (Bronislawa, como mamá) estudió medicina y vivimos un tiempo juntas en París; Józef también fue médico; y Hela (Helena) siguió la tradición familiar y ejerció de profesora.

A todos nos gustaba estudiar. Salimos a nuestros padres, Vladislav y Bronislawa, que eran maestros. De hecho, al principio, vivimos en una escuela para chicas que dirigía mamá. Luego, nos trasladamos a una casa junto a la escuela donde papá enseñaba matemáticas y física.

Un día, la dirección del colegio comunicó a papá que lo cesaban de su cargo de subinspector. Así, perdió la mitad de su sueldo y el alojamiento gratuito. Los responsables del centro le dijeron que era un profesor poco exigente, pero creo que, en el fondo, tomaron esa decisión por los sentimientos patrióticos polacos que mi padre apenas sabía disimular.

La muerte de mamá me entristeció mucho

Cuando tenía diez años, en 1878, mi madre murió de tuberculosis. Tenía cuarenta y dos años y llevaba ya cinco años enferma. Sentí una pena enorme y estuve muy triste durante meses pues la quería mucho y la admiraba. Era una persona de muy buen corazón, tolerante y amable con todo el mundo.

Mi padre quedó también muy afectado por esta pérdida. Recuerdo que algunos sábados por la noche nos leía obras clásicas en voz alta. Otras veces, nos dejaba manipular los instrumentos científicos que usaba en sus clases de física y que ahora guardaba en casa, ya que las autoridades rusas habían suprimido las prácticas y los experimentos científicos de los estudios.

A los quince años me gradué. Reconozco que era una buena estudiante y que todas las asignaturas se me daban bien, sobre todo las ciencias. Pero me sentía tremendamente cansada. Los médicos me recomendaron que pasara una temporada de reposo, así que mi padre me mandó al campo, a casa de unos primos, al sur del país.

Mi pacto con Bronia y mi trabajo de institutriz

Cuando regresé a Varsovia, acepté un trabajo de institutriz porque necesitábamos dinero. Además, tenía un pacto con mi hermana Bronia: ella quería ir a París a estudiar medicina, yo la ayudaría, y, más adelante, ella me ayudaría a mí.

Sabíamos que no sería nada fácil, pero las dos deseábamos seguir estudios superiores. En aquellos tiempos muy pocas mujeres lo conseguían, y mucho menos en Polonia, donde era casi impensable. Si querías proseguir tus estudios tenías que desplazarte al extranjero y aun así era muy difícil. Pero yo estaba decidida. Mientras se presentaba mi oportunidad, me prepararía por mi cuenta. Quería saber un poco de todo, pero mi anhelo también era ir a París a estudiar física y matemáticas.

Por el momento, acepté trabajar de institutriz en casa de un abogado. Era una familia rica, que hablaba en francés cuando había visita, pero, en el fondo, eran todos unos ignorantes y unos tacaños.

Así que tan pronto como pude me marché y fui a trabajar con los Zorawski, cuyo cabeza de familia era un administrador de fincas. Su casa estaba situada a un centenar de kilómetros al norte de Varsovia. Allí la vida era rutinaria; daba las clases y me ocupaba de la educación de los niños. Hacía un poco de vida social, pero me aburría mucho, así que aprovechaba mi tiempo libre para leer un poco y estudiar todo lo que podía. También daba algunas clases a los hijos de los campesinos de la finca.

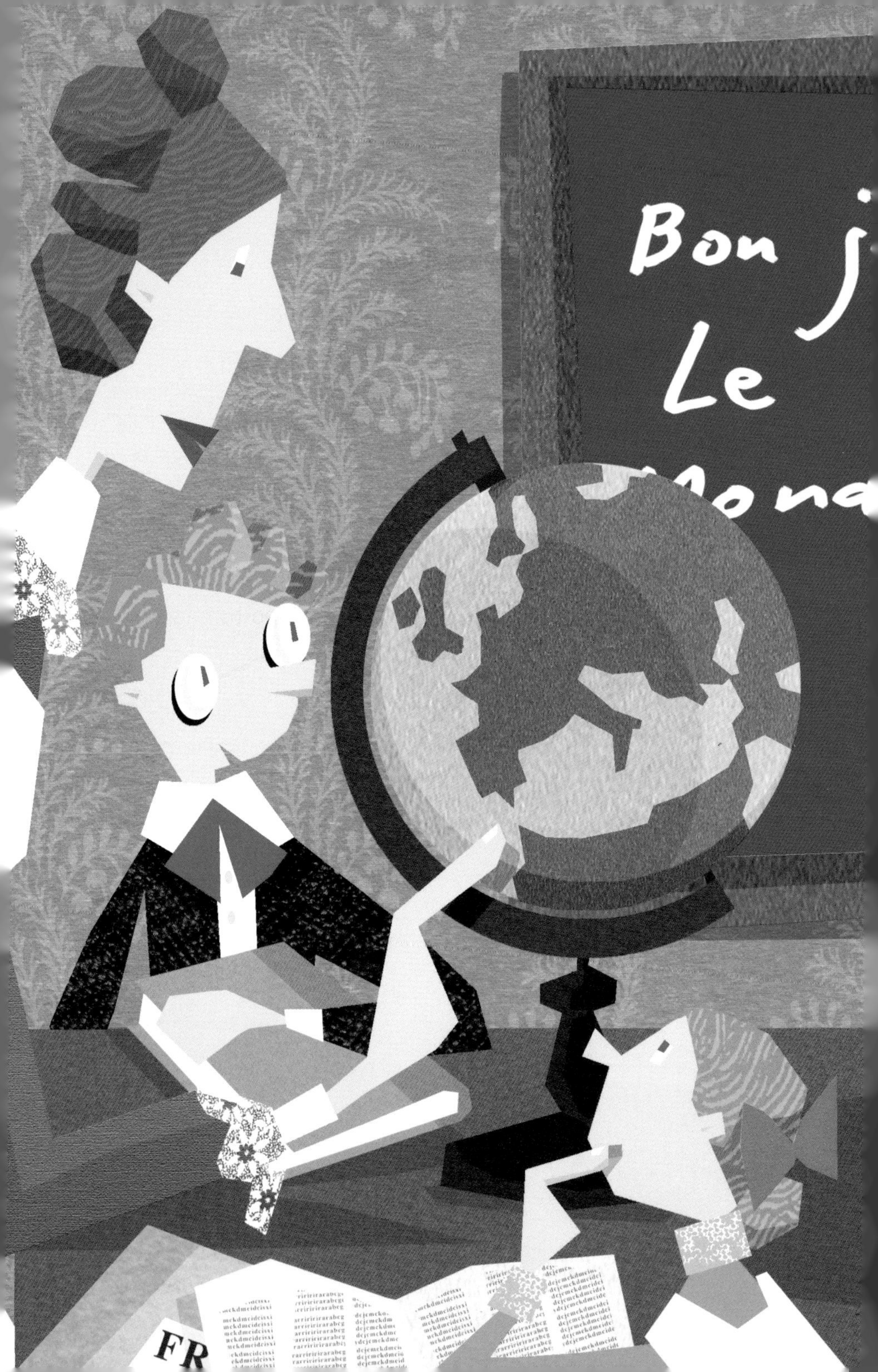
Bon j
Le
FR

He de confesar que allí me enamoré. Eso sí, casi al mismo tiempo encontré el amor y la desdicha. Pensé que Kazmierz, el hijo mayor de la familia Zorawski, era mi alma gemela pues incluso hicimos planes de boda. Pero nuestra relación estaba mal vista por sus padres, que no deseaban que su primogénito se casara con una simple institutriz sin un céntimo en el bolsillo. Así que Kazmierz no quiso contrariar a los suyos, y prefirió seguir con sus estudios de ingeniería agrícola en Varsovia.

Por culpa de aquel desengaño amoroso pasé muy malos momentos. Me sentía abatida y no tenía planes de futuro. Y, entonces, me refugié en los libros. Leía buenas obras literarias y estudiaba varias disciplinas a la vez: física, sociología, química, anatomía y fisiología humana. Y cuando estaba cansada de tanto estudiar, me distraía resolviendo problemas de álgebra y de trigonometría.

Las clases nocturnas y mis primeros experimentos

Unos meses después, en la Pascua de 1889, regresé a Varsovia. Mi padre ya era mayor y necesitaba que alguien le cuidara.

Bronia me escribió desde París. Me decía que iba a casarse dentro de unos meses, cuando su futuro marido, también estudiante de medicina, se licenciara. Me recordaba que tenía muy presente el pacto que habíamos suscrito años antes y me instaba a que ahorrara para poder viajar a París. También me invitaba a instalarme con ellos, en su pequeño apartamento. Decía que al cabo de un año, cuando ella terminara sus estudios, regresarían a Polonia.

Aunque aquéllas eran muy buenas noticias, la verdad es que tenía mis dudas. Estaba indecisa; no sabía qué hacer. Por una parte, me atraía la idea, pero, por otra, no quería dejar solo a papá. Entonces asistía a clases nocturnas, en las que cada uno enseñaba a los demás lo que sabía. Cambiábamos de lugar cada noche para evitar ser descubiertos por las autoridades rusas. Quizá los resultados de estas lecciones tan accidentadas no fueron muy buenos, pero nos mantuvimos muy unidos. Me sentía parte de un grupo. Además, siempre he pensado que para construir un mundo mejor, las personas deben ser cada día un poco mejores también.

En aquel tiempo tuve la suerte de pisar por primera vez un laboratorio, y es cuando realicé mis primeros experimentos de química. Mi primo, Józef Boguski, me echó una mano.

Józef había sido ayudante del célebre químico ruso Dmitri Mendeleiev, el padre de la tabla periódica de los elementos, que ahora era profesor de química general en la Universidad de San Petersburgo. Pues bien, entonces, Józef dirigía el Museo de la Industria y la Agricultura, una institución que disponía de un laboratorio aceptable. Un colega de Józef me dio un curso intensivo de química durante algunas noches y las mañanas de varios domingos. En mis experimentos, me limitaba a repetir lo que leía en los libros de texto, aunque no siempre conseguía los mismos resultados.

Entonces supe cuál sería mi destino. Había conseguido reunir unos ahorros, así que en noviembre de 1891, con veinticuatro años recién cumplidos, me subí a un tren de largo recorrido en la estación de Varsovia. Iba bien provista de comida y de lectura. También conseguí una silla plegable y una manta, ya que en aquellos años los pasajeros con billete de cuarta clase no tenían derecho a asiento.

Cuando el tren se puso en marcha percibí que mi sueño empezaba a cumplirse. El trayecto hasta la estación del Norte, en París, era largo, pero no importaba: me esperaba la Sorbona, quizá la universidad más famosa de la época...

Una estudiante en París

Cuando llegué a París me instalé en casa de mi hermana Bronia y de su marido Casimir, un patriota polaco que había conocido en la facultad de medicina. Con mi hermana estaba muy a gusto, pero su casa quedaba muy lejos de la universidad; además, Casimir era un conversador infatigable y siempre estaba organizando reuniones con compatriotas polacos. Todo esto me distraía mucho de mis estudios.

Como necesitaba un poco de tranquilidad, alquilé una pequeña habitación en el Barrio Latino, a diez minutos a pie de la universidad. Me había matriculado en la Sorbona. Por primera vez vivía sola. Y ya no me llamaba Mania ni María, sino Marie.

Los inviernos eran muy crudos en aquella buhardilla de París. Recuerdo que intentaba ahuyentar el frío poniéndome todos los jerséis que tenía. Eso no importaba; al fin podía centrarme en los estudios porque nada me distraía, y había tantas cosas que aprender… Me pasé semanas enteras en las que sólo comía pan, chocolate, huevos y fruta. Llevaba una vida muy sobria, pero notaba una preciosa sensación de libertad e independencia. Estaba sola, pero me sentía feliz.

La Sorbona era una gran universidad, con más de 9.000 alumnos matriculados, pero con sólo 210 chicas, la mayoría jóvenes de países europeos que estudiaban medicina. En mi primer año en la facultad de ciencias, de 1.800 alumnos inscritos, sólo 23 éramos chicas.

Los estudios me iban bien, aunque al principio fueron bastante difíciles. Quizá mi preparación no era muy buena, por lo que tuve que esforzarme mucho más, sobre todo en matemáticas y en francés. Repartía la jornada en asistir a clase, realizar las prácticas y estudiar en la biblioteca. Por la noche, trabajaba hasta tarde en mi buhardilla. Aprender tantas cosas era un placer para mí. Por fin veía cómo las puertas de la ciencia se abrían de par en par ante mis ojos.

Me licencio en física y conozco a Pierre

Dos años después de mi llegada a París, en el verano de 1893, terminé los estudios de física. Tuve el gran gozo de ser la primera de mi promoción. Quería continuar con mis estudios un año más para poder obtener el diploma en matemáticas, sin embargo había un problema: no tenía un céntimo.

Entonces, la suerte me sonrió por partida doble. Gracias a mis buenas notas, conseguí una beca y también un trabajo. La Sociedad para la Promoción de la Industria Nacional me encargó un estudio sobre las propiedades magnéticas del acero. Pero necesitaba encontrar un laboratorio donde realizar las investigaciones que exigía este trabajo.

En la primavera de 1894 un conocido me echó una mano. Un amigo suyo disponía de lo que yo necesitaba. Y me presentó a Pierre Curie. Por aquel entonces, Pierre era jefe del laboratorio de la Escuela Municipal de Física y Química Industrial.

El equipo de su laboratorio era más bien escaso, pero desde el primer momento estuvo de acuerdo en que realizara allí mis ensayos. Además me interesaba mucho trabajar con Pierre, porque sabía que él había realizado investigaciones en magnetismo y cristalografía.

Hablé con Pierre de ciencia y de otros temas en los que congeniábamos, aunque era diez años mayor que yo. En un primer momento, me atrajeron su expresión seria y amable y su aire despreocupado que hacía pensar en un soñador sumido en sus reflexiones. Tenía un hablar pausado y una sonrisa jovial que inspiraba confianza. Y, con el tiempo, del respeto mutuo y de la pasión compartida por la ciencia, nació el amor.

Me licencio en matemáticas y nos casamos

Aquel verano de 1894 terminé mis estudios de matemáticas. Fui de vacaciones a casa, a Polonia. Me moría de ganas de estar con mi familia y ver de nuevo mi país. No tenía muy claro qué haría en el futuro.

Pierre me mandaba cartas muy cariñosas y me animaba a continuar mis estudios en París. De hecho, nos animamos mutuamente, porque yo también le animé a que realizara el doctorado, que había ido dejando de un año para otro. Pierre me hizo caso y se doctoró en marzo de 1895. De jefe de laboratorio pasó a ser profesor de la Escuela Municipal. Tendría más responsabilidades, pero el sueldo también era mucho mejor.

En julio de 1895, Pierre y yo nos casamos. Fue una ceremonia civil porque su familia era protestante no practicante y yo había perdido mi fe católica cuando murió mi madre. Ni intercambiamos anillos, ni me quise casar de blanco, ni con un traje lujoso y elegante. Elegí para la ocasión un holgado vestido azul marino. Pensé que luego podía servirme como bata de laboratorio.

Con una parte del dinero de los regalos de boda nos compramos una bicicleta para cada uno. Recorrimos muchos kilómetros de carreteras y caminos franceses en nuestro viaje de bodas. Fue una experiencia maravillosa.

Nace nuestra hija Irène

De regreso a casa, reemprendí mi trabajo sobre las propiedades magnéticas del acero y estudié para obtener el diploma de profesora de ciencias para jóvenes.

En el verano de 1897 terminé mi estudio sobre el acero y, poco después, en septiembre, nació nuestra primera hija, Irène.

La niña reclamaba toda mi atención, pero yo me resistía a renunciar a mi trabajo científico. La solución vino de parte del padre de Pierre, Eugène, un médico ya retirado, cuando se vino a vivir con nosotros. Hacía poco que había muerto su esposa, la madre de Pierre. El doctor Curie nos ayudó mucho con la niña. Era magnífico en su papel de niñera. Adoraba a su nieta, e Irène le quería muchísimo también.

Como sabía que nuestra hija estaba en buenas manos, seguí con mi trabajo y empecé a pensar en un tema para mi tesis doctoral. Sentí que caía sobre mis hombros una gran responsabilidad, pues ninguna mujer hasta entonces, en ninguna universidad, había conseguido doctorarse en ciencias.

Nuestras ocupaciones no nos permitían hacer mucha vida social. Apenas veíamos a nadie, salvo algunos científicos o algunos estudiantes. Estábamos en contacto con el hermano de Pierre, Jacques, y su familia, que vivían en Montpellier, en el sur de Francia. Yo añoraba a mi familia. Mi hermana y su marido ya habían regresado a Polonia.

Rayos y radiaciones

Necesitaba encontrar un tema para mi tesis y pensé en dos grandes descubrimientos recientes de los que todo el mundo hablaba y que me interesaban mucho: los rayos X y la radiación del uranio.

Recuerdo que medio año después de casarnos, en diciembre de 1895, el físico alemán Wilhelm Roentgen anunció que había descubierto una clase de rayos que podían atravesar la carne humana y que permitía obtener fotografías de los huesos de personas vivas. ¡Aquello era asombroso! El propio Roentgen, al desconocer la naturaleza de tales emisiones, las llamó rayos X. Por cierto, gracias a este descubrimiento, Roentgen recibió en 1901 el primer premio Nobel de Física de la historia.

Los rayos X atrajeron de inmediato la atención de muchos investigadores. Muy pronto se encontraron aplicaciones médicas. Además encerraban grandes esperanzas para el estudio de la energía y la materia, dos misterios insondables a finales del siglo XIX.

Por aquellos tiempos también, a principios de 1896, el físico francés Henri Becquerel, en una comunicación a la Academia Francesa de las Ciencias, señaló que los minerales que contenían uranio emitían unas radiaciones capaces de velar una placa fotográfica, incluso en la oscuridad e interponiendo una hoja de papel. ¿De dónde procedía aquella energía?
¿Qué mineral era capaz de tan asombroso poder?

Aunque fueran muchas las dudas, como en aquellos momentos los rayos X causaban furor y levantaban toda clase de pasiones, las radiaciones de Becquerel o "rayos uránicos", mucho más débiles, parecían menos interesantes y fueron dejados de lado.

Las misteriosas radiaciones del uranio

Pero las misteriosas radiaciones que emanaban de los compuestos de uranio, si bien mucho más tenues que los rayos X, eran las que excitaban más mi imaginación. Busqué artículos sobre el tema, aunque había poca cosa publicada. Hablé con el director de la Escuela Municipal, donde Pierre daba sus clases de física, y me permitieron usar un almacén, húmedo y destartalado, como laboratorio, así que me puse a trabajar de inmediato. Estoy convencida de que sin la ayuda de Pierre no lo hubiera conseguido.

Quince años atrás, Pierre y su hermano Jacques habían inventado un nuevo tipo de electrómetro, un instrumento utilizado para medir corrientes eléctricas muy débiles.

La emisión de radiaciones de los compuestos de uranio podía deberse una propiedad intern

Aquel invento ahora me iría muy bien. Además, tenía al lado a su inventor. ¡Qué más quería! Me sentí muy afortunada.

Con la ayuda del electrómetro Curie medí las débiles corrientes que se generaban en una muestra de aire expuesto a la acción de las radiaciones del uranio. Mi intención era usar esa medida de la conductividad del aire como referencia para determinar la intensidad de la radiación. Realicé un montón de experimentos que me llevaron a las mismas conclusiones que Becquerel.

Las radiaciones del uranio mostraban unos efectos eléctricos constantes. Que el uranio fuera sólido o en polvo, puro o combinado con otros elementos, en estado seco o húmedo, expuesto al calor, a la luz o en la oscuridad, todo ello parecía carecer de importancia. Eso sí, cuanto mayor era la proporción de uranio contenida en la muestra que estudiaba, más intensas eran las radiaciones emitidas. Una observación, por cierto, que ya había indicado Becquerel en su momento.

Di vueltas al asunto durante días y días pues me tenía muy intrigada. Quería saber por qué aquello era así. Y, entonces, de todas las ideas que me bailaban por la cabeza, concreté una hipótesis: la emisión de radiaciones de los compuestos de uranio podía deberse a una propiedad interna del átomo de uranio, eso es, a la especial estructura y composición de este átomo. Sin embargo, esto que era tan fácil de decir, resultaba por ahora imposible de probar.

del átomo de uranio

El uranio, el torio y el término «radiactividad»

Hasta hacía poco, se creía que el átomo –tal como su nombre griego indica– era indivisible. Se pensaba que constituía la unidad más pequeña de la materia, de cada elemento químico. Dicho de otro modo, más allá del átomo no había nada.

Pero esta idea estaba empezando a cambiar, porque se había descubierto el electrón, una partícula del átomo. No obstante, era aún muy pronto para comprender la compleja estructura interna de los átomos y, aún más, para sospechar la inmensa energía que podían almacenar. Por aquel entonces, la explicación que parecía más convincente era que determinados átomos tenían la facultad de almacenar y de irradiar la energía de los rayos cósmicos que bañaban permanentemente la Tierra. Nada hacía pensar que aquella energía misteriosa brotara del interior mismo de los átomos.

De lo que estaba del todo segura era de que el átomo de uranio era un elemento muy especial. ¿Habría otros átomos con propiedades parecidas? Estaba dispuesta a averiguarlo.

Para ello, analicé muchos otros minerales que contenían elementos que no eran el uranio. También estudié con el electrómetro Curie la conductividad eléctrica de todos los elementos conocidos. Como sabían de mis experimentos, muchos colegas me proporcionaron muestras de minerales, algunas con elementos muy raros.

La sorpresa nos invadió una mañana de abril de 1898 al comprobar que los compuestos de torio, al igual que los de uranio, también emitían radiaciones de Becquerel. Y aquella emisión, de nuevo, parecía ser una propiedad interna del átomo. Fue en aquel momento cuando buscamos un término que reflejara esa propiedad tan relevante que poseían algunos átomos. Vimos que el término "radiactividad" les iba que ni pintado.

Habíamos analizado muchos minerales en busca de radiaciones. Uno de ellos me dejó muy intrigada; bueno, de hecho, fueron dos. Ambos eran minerales de uranio, la pecblenda (o pechblenda) y la carnotita. La rareza de estos minerales radicaba en que eran más radiactivos de lo que cabría esperar por su contenido en uranio. Sospechaba que allí había algo escondido.

La naturaleza tan radiactiva de la pecblenda se debía a pequeñas cantidades de algún elemento muy radiactivo aún desconocido. Si realizáramos análisis más detallados de la pecblenda, posiblemente hallaríamos algo sorprendente. Tenía que ser un elemento nuevo, ya que habíamos analizado alrededor de sesenta elementos conocidos hasta el momento y no habíamos encontrado nada parecido. No sabíamos nada de este nuevo elemento, sólo que era radiactivo; en esto estaba segura.

Comenté esta idea a Pierre e inmediatamente mostró un gran entusiasmo y dijo que dejaba aparcados un tiempo sus estudios de cristalografía. ¡Juntos, nos pusimos manos a la obra!

Cómo descubrimos el polonio y el radio

Primero, empezamos a trabajar con la pecblenda. Observamos que este mineral era cuatro veces más radiactivo que los óxidos de uranio. Sabíamos que la pecblenda estaba compuesta por más de treinta sustancias químicas distintas, por lo que el elemento desconocido no debía estar presente en más del 1 % del mineral, o quizás incluso en un porcentaje menor.

Usamos todas las técnicas de análisis químico a nuestro alcance. Técnicas simples y procedimientos complejos, todo valía para identificar los distintos compuestos de la pecblenda. Medimos la radiación de cada fracción separada del mineral y de cada compuesto obtenido. Con la ayuda del electrómetro Curie, identificamos las muestras más radiactivas. Dos fracciones nos parecieron muy prometedoras: una contenía en su mayor parte bismuto; la otra, bario. Ambas eran pero que muy radiactivas.

La muestra de bismuto se comportaba como el bismuto, pero como era radiactiva, y el bismuto no lo es, debía contener algún otro elemento, aunque en cantidades muy pequeñas. En julio de 1898, a este elemento desconocido le pusimos el nombre de polonio, evidentemente en honor a mi país, Polonia. Pierre estuvo de acuerdo con esta idea.

Medio año más tarde, en diciembre, el elemento desconocido incluido en la muestra de bario, lo identificamos como el radio. El polonio y el radio eran dos nuevos elementos de la tabla periódica, con propiedades del todo distintas, pero que compartían la facultad de ser intensamente radiactivos. Tengo que señalar también que un tiempo después nuestro buen amigo André Debierne detectó el actinio, un nuevo elemento radiactivo, que obtuvo de un precipitado de hierro a partir de la separación de la pecblenda.

Conseguir 0,1 gramos de radio no es tarea fácil

Pero una cosa es reparar en un nuevo elemento químico y la otra, muy distinta, es aislarlo de los compuestos en que suele presentarse mezclado. Además, hay que conseguir una cantidad suficientemente pura para estudiarlo con garantías de éxito.

Esta exigencia, en el caso del radio, nos llevó tres años; pero si nos referimos al polonio, no lo conseguimos nunca. Y, con el radio, lo logramos gracias a algunas ayudas procedentes de científicos amigos y de instituciones muy diversas. Parecía que jugábamos con una cierta ventaja. Las propiedades que se desvelaban del radio despertaban un gran interés en la ciencia y en la industria.

La cuestión es que teníamos que tratar grandes cantidades de pecblenda para obtener ínfimas cantidades de radio. El gobierno de Austria nos proporcionó una tonelada de pecblenda, con la esperanza de que encontráramos alguna utilidad a este residuo de sus minas. También obtuvimos otras siete toneladas de pecblenda de la que ya se había extraído el uranio. Tratamos todo este material industrialmente, en grandes cantidades, con lo que aceleramos mucho el proceso.

Luego, el extracto de cloruro de bario obtenido de la pecblenda lo sometimos a cristalizaciones sucesivas. En cada paso, obteníamos cristales más radiactivos y, por lo tanto, más ricos en radio. El proceso era lento, es verdad, ¡pero sabíamos que íbamos por buen camino!

Tres años después, por primera vez, dispusimos de nada menos que un decigramo (0,1 g) de cloruro de radio puro. Parecía poca cantidad, pero para nosotros era un tesoro. Entonces, determinamos que el peso atómico del radio era de 225, mientras que el del bario era de 137. Aislar el radio en estado puro nos llevó otros ocho años más.

Luz, calor y radiaciones

Las propiedades del radio eran sorprendentes. Este elemento emitía radiaciones un millón de veces más intensas que el uranio. Los compuestos del radio eran espontáneamente luminosos. La primera vez que observamos el cloruro y el bromuro de radio nos quedamos asombrados al comprobar que emitían una luz parecida a la de una luciérnaga. Además, el radio tenía la fantástica propiedad de liberar calor y lo hacía sin cesar y de manera espontánea.

Otra propiedad sorprendente del radio es que es capaz de comunicar su radiactividad a los cuerpos cercanos. Colocamos una solución de sal de radio en un recipiente cerrado, y vimos como parte de la radiactividad escalaba las paredes del recipiente, que se volvían radiactivas y luminosas.

La naturaleza de las radiaciones del radio son muy complejas y, de acuerdo con sus propiedades, son de tres tipos distintos. Además, según Rutherford, el radio emite un gas radiactivo que se disipa por el aire circundante y por la superficie de los objetos cercanos. Este gas, al que en un principio se denominó "emanación", más adelante se conoció como "radón".

Pero todas estas asombrosas propiedades no parecen afectar al radio, que, en apariencia, pase lo que pase, es un elemento que no sufre cambio alguno.

Con todo, si admitiéramos que pudiera experimentar una transformación, este cambio sería extremadamente lento, ya que en el término de una hora no detectamos cambio alguno en este elemento.

La naturaleza de la radiactividad

Siempre he pensado que la radiactividad es una propiedad interna de los átomos radiactivos. Así, la radiactividad del radio se debe a sus átomos, no a otra cosa. Si se tratara de una transformación, ésta debería tener lugar en el propio átomo.

En consecuencia, el átomo de radio debe hallarse en un proceso de evolución, circunstancia que nos obliga a desconsiderar la teoría de la invariabilidad de los átomos, en la que se ha fundado la química hasta ahora. Si esta evolución del átomo de radio fuera cierta, significaría que o bien el átomo de radio se rompe en subátomos de distinto tamaño o bien estas radiaciones proceden de átomos de un gas circundante que se desintegra en presencia del radio. De una forma u otra, cualquiera de estas interpretaciones nos lleva a creer que la estabilidad de los átomos no es absoluta.

La estabilidad de los átomos no es absoluta

Estoy realmente satisfecha de pensar que estas primeras impresiones contribuyeron, con el paso de los años, a transformar y a enriquecer nuestro conocimiento sobre la materia.

En unos pocos años más, se sabría que estas radiaciones misteriosas emitidas por las sustancias radiactivas eran en realidad partículas diminutas. Cuando un átomo radiactivo libera una partícula, ese átomo puede transformarse en un elemento químico diferente. Por ejemplo, a partir de un átomo de uranio, tras una serie de transformaciones, se origina un átomo de radio. Este átomo sigue sin ser estable y, en ocasiones, puede transformarse en un átomo de polonio. Si este proceso de evolución sigue adelante, el polonio puede acabar transformándose en un átomo de plomo, que ya es un elemento estable, pero que no es radiactivo.

En cada una de estas transformaciones –ya lo dejó perfectamente sentado el físico Ernest Rutherford– se libera energía, a veces, en cantidades muy importantes. Unos años después, el propio Rutherford, junto con algunos insignes colaboradores, apuntó que había átomos de determinados elementos que diferían por el número de neutrones alojados en su núcleo y que, por lo tanto, poseían una masa atómica distinta.

Un colega de Rutherford, Frederick Soddy, llamó "isótopos" a estas formas de un mismo elemento pero con distinta masa atómica. Los isótopos radiactivos han sido utilizados pródigamente desde entonces. La ciencia, la industria y la medicina les han encontrado muchas aplicaciones.

Recapitulemos un momento. Los átomos ya no eran las partes más pequeñas de la materia sino que poseían determinadas partículas en su interior. Los átomos de distintos elementos químicos eran diferentes porque alojaban un número distinto de partículas subatómicas en su interior. En estos principios se apoyaba la hipótesis de que la radiactividad no era propiamente un fenómeno de emisión de radiaciones sino que se trataba realmente de la liberación de partículas con una energía asociada.

Cuando supimos todo esto, nos dimos cuenta de que cada átomo era un prodigioso almacén de energía. Y que la naturaleza de la misteriosa energía de la radiactividad era una propiedad fundamental de la propia materia. Una propiedad que consistía en la emisión de partículas diminutas y de ondas de energía procedentes del núcleo del átomo.

Como conclusión a todas estas consideraciones, que durante tantos años nos mantuvieron en vela, nada mejor que indicar que en 1905 Albert Einstein condensó en una fórmula brillante que materia y energía eran una única cosa. Su fórmula: $E = mc^2$, donde E equivale a energía; m, a masa y c^2 es la velocidad de luz al cuadrado, es una auténtica maravilla.

El radio daña y cura

El trabajo de todos aquellos años me había dejado exhausta. En los últimos meses ¡había perdido diez kilos! Pierre tampoco se encontraba demasiado bien. Estaba siempre fatigado y la mano le dolía mucho desde que, una vez, había querido experimentar en su propia piel los efectos dañinos de las radiaciones de los compuestos de radio. Ahora tenía una fea herida en la mano que no terminaba de sanar. Todos nosotros teníamos heridas en los dedos.

Mientras yo achacaba nuestras dolencias a la dedicación al trabajo, los médicos aseguraban que las radiaciones podían ser dañinas para la salud, si bien también podían utilizarse con fines terapéuticos para intentar curar tumores malignos y algunas otras enfermedades.

Hubo empresas que muy pronto se interesaron por las aplicaciones comerciales de las sales de radio. Nos proporcionaron la materia prima para nuestros experimentos y también material de laboratorio y ayuda científica. Los compuestos radiactivos que obteníamos se usaban experimentalmente con fines médicos. Los primeros resultados fueron muy prometedores.

Así nació una nueva especialidad médica que se llamó, en Francia, curieterapia, y, en el resto del mundo, radioterapia, gracias a la cual muchas enfermedades fueron tratadas con métodos radioterapéuticos, especialmente, el cáncer. En algunas grandes ciudades se fundaron institutos médicos muy importantes para tratar esta temible enfermedad. Era muy satisfactorio comprobar que nuestro trabajo servía para aliviar el sufrimiento humano e incluso para salvar la vida a muchas personas.

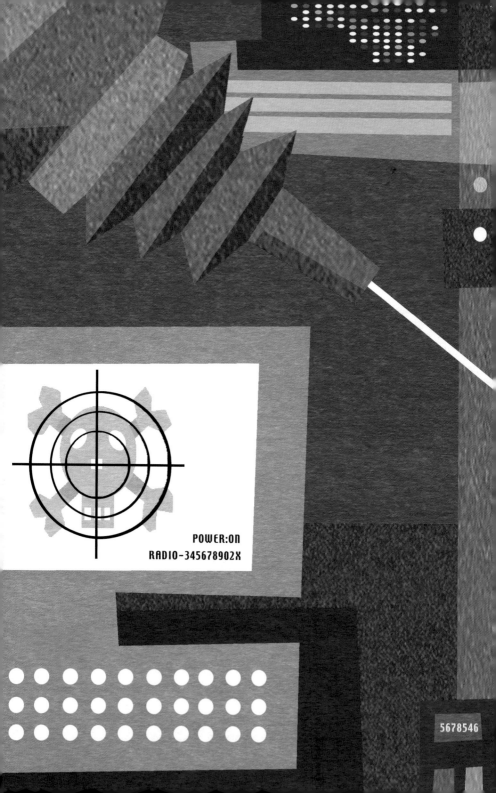

POWER:On
RADIO-345678902X

5678546

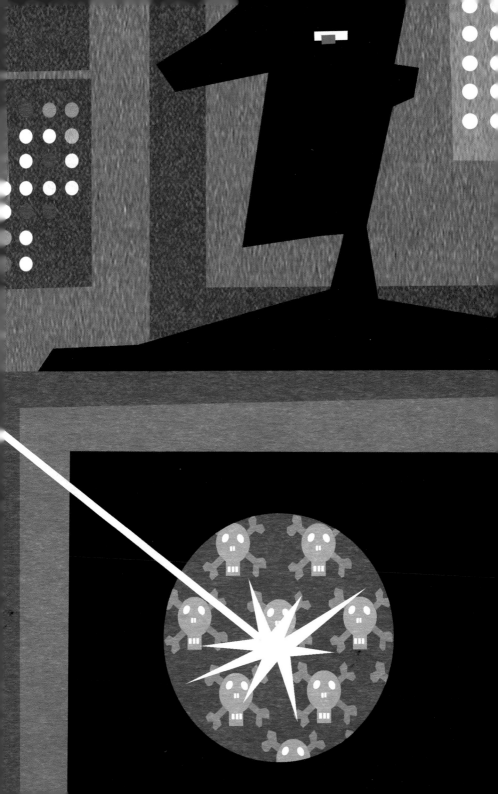

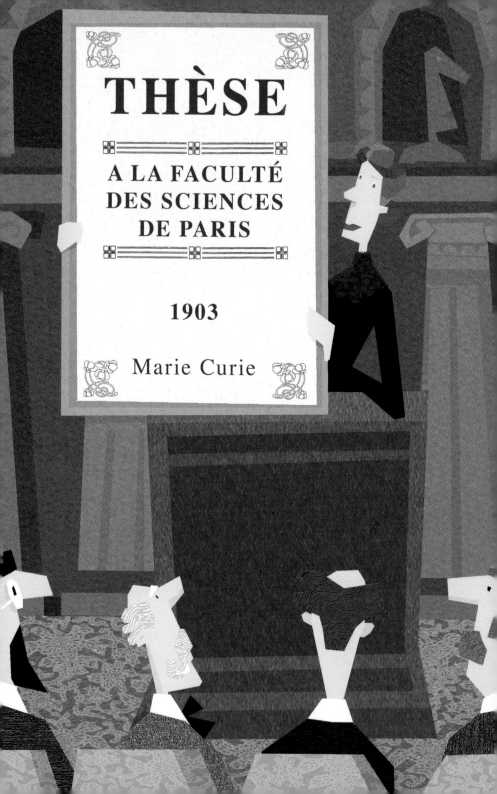

Fui la primera mujer que se doctoró en ciencias...

A pesar del enorme éxito alcanzado por la industria del radio, nuestra economía familiar estaba muy maltrecha. Habíamos contribuido al florecimiento de esta industria, pero no habíamos patentado ninguna de nuestras aportaciones. En casa no sobraba el dinero y, por ese motivo, tuve que volver a dedicarme a la enseñanza. Fui profesora de la que se consideraba la mejor escuela de magisterio de Francia. Viví una situación bien curiosa: era la primera y única mujer de un cuadro de profesores de una escuela sólo para chicas.

Por fin, en junio de 1903, conseguí poner el punto final a mi tesis doctoral. *Investigación sobre las sustancias radiactivas* me pareció un buen título. Fui la primera mujer en Francia que lograba un título de doctorado. Los miembros del tribunal confesaron que mis aportaciones a la ciencia eran muy importantes.

Debo admitir que estos elogios me llenaron de orgullo, pero estaba sobre todo feliz porque mi querida hermana Bronia había venido expresamente desde Polonia para asistir a la defensa de mi tesis. Por cierto, aunque insistió lo suyo, no pudo convencerme de que me comprara un vestido nuevo para la ocasión. Mi traje negro, aunque ya un poco usado, era más que suficiente.

Parecía que las cosas empezaban a irnos un poco mejor. Sin embargo, Pierre se encontraba cada día peor y sufría grandes dolores que no le permitían conciliar el sueño. Esto nos entristecía. Pero, muy pronto, una gran satisfacción profesional iba a llamar a nuestra puerta.

...y la primera mujer que recibió un premio Nobel

En diciembre de 1903 nos concedieron el premio Nobel de Física, a Pierre y a mí, y a Henri Becquerel. De hecho, creo que a mí me incluyeron gracias a la insistencia de Pierre y a la perspicacia de Mittag-Leffler.

De hecho, la Academia Francesa de las Ciencias había cursado la nominación sólo de Becquerel y de Pierre. Fue una suerte que el matemático sueco Magnus Mittag-Leffler, que formaba parte del comité de selección, advirtiera a Pierre de la situación. Pierre le escribió una nota a vuelta de correo en la que le comentaba que un premio sobre radiactividad que le incluyera sólo a él sería una parodia. Pierre era muy buena persona.

Al final, se reconsideraron las oportunas opiniones y nos dieron el premio a los tres. Fue una gran satisfacción. Se nos reconocía a nivel internacional un trabajo conjunto sobre los fenómenos de la radiación descubiertos por Becquerel.

No se decía nada de nuestro descubrimiento del polonio o del radio, ya sea porque se consideraba una cuestión que atañía más a la química ya sea porque ciertos sectores aún cobijaban algunas dudas sobre su existencia. Habían pasado ya algunos años, pero sólo habíamos podido aislar cantidades ínfimas y prácticamente invisibles de estos nuevos elementos.

El precio de la fama y el nacimiento de Eve

Pierre se encontraba muy débil aquel diciembre y nos fue imposible desplazarnos a Estocolmo a recoger el premio Nobel. La Academia sueca nos animó a presentar en el futuro una comunicación sobre nuestros trabajos. Fuimos a Suecia en 1905 y Pierre pronunció un discurso muy emotivo. Repasó nuestros estudios sobre la radiactividad, alertó del peligro que suponía el mal uso de las fuentes radiactivas y concluyó en tono optimista y señalando los posibles beneficios que podía proporcionar a la humanidad.

La concesión del premio Nobel alteró por completo nuestras vidas. Mucha gente venía a vernos y nos pedían artículos y solicitaban nuestra presencia para dar conferencias en casi cualquier parte del mundo. Los fotógrafos nos perseguían en casa y en el trabajo. Tanta publicidad y tantos requerimientos nos aturdían; no nos complacía ni a Pierre ni a mí pues nos quitaba tiempo para nosotros y nos distraía de nuestro trabajo. Puede decirse que perdimos un año ante tantas intrusiones y distracciones.

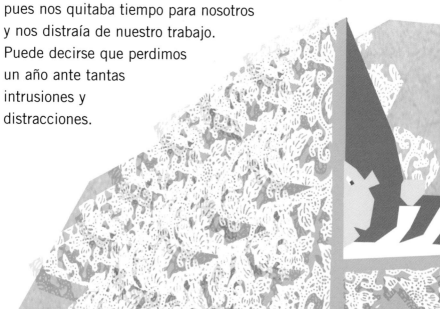

Finalmente, después de varios contratiempos, Pierre fue nombrado profesor de física de la Sorbona. Enseñaría los fundamentos de la física, la química y la historia natural a alumnos de primer curso de medicina. A mí, me nombraron jefa de laboratorio, de un laboratorio que nos prometieron inmediatamente, pero tuvimos que esperar otros dos años para verlo bien equipado. Además, en diciembre de 1904 nació nuestra segunda hija, Ève.

La trágica muerte de Pierre

Poco a poco, parecía que la vida nos mostraba su cara amable. El trabajo en la universidad empezaba a dar sus primeros frutos, Pierre parecía encontrarse más animado y nuestras dos hijas crecían felices.

Pero aquel día de primavera de 1906 sería nefasto. Pierre trabajó toda la mañana en el laboratorio. Salió a la hora de costumbre para almorzar con la asociación de profesores de la facultad de ciencias. Después tenía que pasar por la biblioteca para recoger unos libros. Recuerdo que llovía intensamente y que las calles estaban anegadas.

EVE

Al cruzar, Pierre resbaló, cayó y tuvo la mala fortuna de ser atropellado por un tranvía. Murió en el acto.

Unas horas después me enteré de la noticia. Quedé aturdida. Mandé a las niñas con unos vecinos, avisé a su hermano Jacques y puse un telegrama a mi familia. Preparé la capilla ardiente en casa. Al día siguiente todos los periódicos dieron la triste noticia. En sólo unas horas la casa quedó inundada de cartas, flores y telegramas de pésame.

A medida que me hacía a la idea de la desaparición de Pierre, la pena era aún mayor. Había perdido al mejor de los compañeros y a un amigo excelente. Me veía incapaz de afrontar sola el futuro. No podía olvidar, sin embargo, lo que Pierre siempre me decía: que cuando él faltara, yo debería seguir trabajando. Y así lo hice. Por él. Al día siguiente acudí al laboratorio y reemprendí mi trabajo.

También fui la primera profesora de la Sorbona

Apenas un mes después de la muerte de Pierre, la facultad de ciencias de la Sorbona, donde Pierre había sido profesor el último año y medio, me ofreció la plaza que había quedado vacante. Era una decisión histórica, ya que nunca una mujer había sido profesora en aquella universidad. Tuve un honor inmenso, aunque empañado por la desdicha en cómo se producía.

Con la colaboración de algunos científicos amigos decidimos fundar una institución científica para honrar la memoria de Pierre. Obtuvimos una ayuda del gobierno francés y de la Fundación Pasteur y fundamos el Instituto del Radio, en París.

Yo misma dirigiría el laboratorio de radiactividad y un médico de prestigio se encargaría de la investigación médica.

Mis tareas en la universidad, mis trabajos de investigación y la puesta en marcha del Instituto del Radio absorbían todo mi tiempo. Pero la educación de mis hijas me preocupaba mucho. Junto con otros padres, que también desaprobaban el rígido sistema escolar francés, creamos una cooperativa de enseñanza. Cada familia aceptó dar una clase semanal del tema que más dominara. Así, durante dos años, mi hija Irène y otros ocho o nueve niños atendieron las lecciones de ciencias, historia o literatura de profesores eminentes y de gran valía.

Año de escándalos

En 1910, en febrero, murió el abuelo Eugène, el padre de Pierre. Las niñas casi enferman de dolor. Era posiblemente la persona que ellas más querían.

Aquel mismo año, aislé el radio metálico, vi publicado mi *Tratado sobre la radiactividad*, que era un libro de texto para estudiantes, y logré definir la unidad de las emisiones de radio. Esta unidad de radiactividad fue aceptada en todo el mundo con el nombre de "curie". Así, un curie era la cantidad de sustancia radiactiva que experimenta $3 \cdot 10^7$ desintegraciones por segundo.

En noviembre, me presenté como candidata a la Academia Francesa de las Ciencias para ocupar el sillón de física que estaba vacío. Pero había otro candidato que contaba con el apoyo de la prensa y de los políticos católicos conservadores, y es evidente que ganó la votación. Celebré mi derrota encerrándome en el laboratorio. ¡Trabajé tres días seguidos!

Pero esto no fue nada comparado con lo que tuve que sufrir unos meses después. Me atribuyeron un romance con Paul. Paul Langevin había sido uno de los alumnos más brillantes de Pierre. Era un físico excelente y éramos amigos desde hacía años.

Durante el verano, los rumores de que Paul y yo manteníamos un romance fueron insistentes. Aquellas habladurías llegaron a oídos de la mujer de Paul y pidió la separación.

En otoño, una veintena de físicos famosos celebramos una conferencia internacional en Bruselas. Yo asistí y también invitaron a Paul. La reunión, en la que se debatió sobre la física más avanzada de la época, fue un rotundo éxito. Pero la prensa francesa publicó algunas de nuestras cartas privadas y me acusaron de las cosas más terribles.

Cuando regresamos a París, me encontré con una multitud congregada ante mi casa. Irène y Ève estaban muertas de miedo. Huimos como pudimos de aquella situación y nos refugiamos en casa de unos amigos. El susto fue tremendo; me sentí muy herida.

Mi segundo premio Nobel y el Instituto del Radio

En medio de todo este escándalo, un día recibí un telegrama donde me comunicaban que la Academia Sueca me acababa de conceder el premio Nobel de Química por el descubrimiento del polonio y el radio. Casi no me lo podía creer. Intenté tranquilizarme sin conseguirlo. Y viajé a Estocolmo para recoger el galardón.

Me sentía muy feliz, ya que me acompañaron mi hermana Bronia y mi hija Irène. Al día siguiente, el 11 de diciembre de 1911, pronuncié mi discurso de agradecimiento. Intenté dejar bien claro que siempre había defendido que la radiactividad era una cualidad propia del núcleo de los átomos. Espero que esta idea quedara bien clara. También hablé un poco de los trabajos de Rutherford y de otros científicos, y de los años duros y maravillosos que pasé junto a Pierre.

Tantas emociones hicieron mella en mi salud. Caí enferma. Los médicos dijeron que tenía depresión. También sufría un trastorno renal. En marzo de 1912 me operaron de un riñón. Pasé varios meses recuperándome en París. La prensa seguía mis pasos y los periodistas eran un agobio. Como necesitaba un poco de paz, me fui a pasar unos meses en Inglaterra, a casa de unos amigos.

En octubre regresamos a París. Me costaba adaptarme de nuevo a la ciudad y al trabajo. Finalmente, a principios de diciembre, retomé mis investigaciones. Había interrumpido mis pesquisas catorce meses ¡y ya era hora de ponerlas al día!

Concentré todo mi empeño en el Instituto del Radio. Las obras iban un poco retrasadas. Pero, por fin, el sueño se hizo realidad. En agosto de 1914 inauguramos el Instituto que debía honrar la memoria de Pierre y cuyo trabajo debía centrarse en conseguir una sociedad mejor. El Instituto poseía un equipo científico y técnico muy importante. Nuestra tarea principal era controlar la pureza y la eficacia de los productos radiactivos destinados a la industria y a la medicina. También promovíamos investigaciones y estudiábamos nuevas aplicaciones de la radiactividad.

Radiología en el frente de guerra

Pero apenas pudimos iniciar nuestro trabajo. Alemania invadió Francia. La Primera Guerra Mundial había estallado. Un mes después, las primeras bombas asolaron París.

Las tropas alemanas avanzaban deprisa. El gobierno francés decidió trasladarse a Burdeos, en el sur de Francia, junto a la costa atlántica. Me solicitaron que les acompañara y que llevara conmigo, en una pesada caja de plomo, el gramo de radio que disponíamos en el Instituto para nuestros trabajos.

Cuando aquella preciada carga estuvo a buen recaudo, regresé a París.

Había estudiado los rayos X, pero no tenía una experiencia directa con ellos. Sabía, sin embargo, que su uso en el campo de batalla podía salvar la vida de muchos soldados. Los rayos X permitían ver los huesos rotos o las balas o la metralla alojada en el cuerpo.

Movimos cielo y tierra, llamamos a todas las puertas posibles y, finalmente, creamos el primer servicio de radiología militar. Pero nos faltaban vehículos y todo el equipo técnico. Aprendí a conducir, estudié mecánica, seguí un curso intensivo de anatomía y me ejercité en el uso de un equipo de rayos X. Fueron unas semanas muy intensas, aunque valieron la pena.

BOOM!

RAYONS
X

A finales de octubre de 1915 disponíamos ya de las primeras veinte furgonetas transformadas y equipadas con aparatos de rayos X. Cariñosamente las llamaron *petites curies* (pequeñas curies). Y partimos hacia el frente. Me acompañaba mi hija mayor, Irène, que a sus diecisiete años era una joven muy lista y abnegada.

Trabajábamos en hospitales de campaña. Además de las *petites curies*, había ya más de doscientas instalaciones fijas de rayos X repartidas por todo el frente. Contribuíamos a salvar muchas vidas. Pero la experiencia era terrible; el dolor y los gritos llenaban el aire. De día y de noche, soldados con heridas terribles colapsaban los hospitales. Intentábamos no implicarnos, pero era imposible.

Al cabo de un año viviendo aquella tragedia, dejé que mi hija se hiciera cargo del servicio de atención radiológica. Realizó un trabajo excelente. Al final de la guerra, fue distinguida con una medalla. En París, también formamos a muchos médicos militares y a más de doscientas jóvenes como ayudantes en el uso de los aparatos de rayos X.

El viaje a los Estados Unidos

Terminada la guerra, me dediqué de lleno al Instituto del Radio. Necesitábamos fondos y llamé a muchas puertas. También viajábamos bastante por Europa. A finales de abril de 1919, acompañada de mi hija Irène, asistimos al primer Congreso Nacional de Medicina, celebrado en Madrid.

Un tiempo después, en mayo de 1920, a pesar de mi disgusto con la prensa, acepté una entrevista para una revista femenina americana. Hablé con la periodista de mi trabajo y un poco de mi vida. Le recalqué las necesidades que teníamos de radio para proseguir nuestras investigaciones. No sé si nos vio muy apurados, pero aquella periodista, de regreso a su país, inició una campaña popular. Se trataba de recaudar 100.000 dólares, el precio de 1 gramo de radio.

Al año siguiente viajé a los Estados Unidos. Durante siete semanas recorrimos buena parte del país con el objetivo de recaudar fondos para el Instituto. Una de las ocasiones más emocionantes fue la visita a la Casa Blanca, donde el presidente Warren Harding nos entregó simbólicamente el gramo de radio que habíamos solicitado a la industria, la ciencia y la sociedad norteamericanas.

Aquel viaje, aunque resultó bastante cansado, fue un éxito. Regresamos a Francia cargados de instrumentos sofisticados y con algo de dinero para el Instituto y, por supuesto, ¡con el gramo de radio en el bolsillo!

El Nobel de Irène para el final

Siguieron otras campañas parecidas para recaudar dinero.
En el Instituto del Radio trabajaban docenas de investigadores
que estudiaban la radiactividad. El Instituto se convirtió en un
centro de referencia mundial; los mejores científicos estaban
encantados de venir a trabajar con nosotros.

Con el tiempo, al cabo de unos años, tuve la inmensa
satisfacción que mi hija Irène y su marido, Frédéric Joliot-Curie,
descubrieron aquí, en el Instituto, la radiactividad artificial al
bombardear elementos estables con partículas nucleares. Este
hallazgo les valió el premio Nobel de Química de 1935. Aunque
esto, por desgracia, ya no pude verlo...

Llevaba años enferma. No acababa de sentirme bien.
Últimamente mis problemas de salud habían empeorado.
Había días que no tenía fuerzas para ir al trabajo; entonces,
me quedaba en casa y escribía algunas páginas de mi libro
Radiactividad. No mejoraba. Nada podía hacerse ya...

El 4 de julio de 1934 dejé de existir. Los médicos dijeron que
padecía una anemia perniciosa, una enfermedad grave de la
sangre, causada presumiblemente por los largos años que había
estado en contacto con compuestos radiactivos sin la debida
protección.

Fui enterrada junto a Pierre. Mi último deseo se había cumplido.
¡Estábamos juntos otra vez! Y así permaneceríamos hasta el fin
de la eternidad.

Años	Vida de Marie Curie	Historia
1867-1880	1867 Nace el 7 de noviembre en Varsovia (Polonia). 1878 Muere su madre de tuberculosis. 1879 Termina sus estudios medios con notas excelentes.	Guerra franco-prusiana. Proclamación del Imperio alemán y Tercera República en Francia. Doble Alianza entre Alemania y Austria-Hungría.
1881-1890	1883 Termina sus estudios secundarios con medalla de honor. 1886 Institutriz en casa de los Zorawski. Se enamora de Kazmierz. 1889 Regresa a Varsovia.	Creación de la Triple Alianza. Muerte de Alfonso XII. Constitución de la Segunda Internacional.
1891-1900	1891 Viaja a París. Se matricula en la Sorbona. 1893 Termina los estudios de física. 1894 Conoce a Pierre Curie. 1895 Pierre obtiene el doctorado. En julio, se casan. 1896 Se interesa por los rayos X y las radiaciones de Becquerel. 1898 Acuña el término "radiactividad". Descubre con Pierre Curie el polonio y el radio.	Guerra de Cuba. Creación del Tribunal Internacional de La Haya. Asesinato de Cánovas del Castillo.
1901-1910	1903 En diciembre, recibe el premio Nobel de Física, que comparte con P. Curie y H. Becquerel. 1904 Pierre, profesor en la Sorbona. 1906 Pierre fallece de accidente. Profesora en la Sorbona.	Se conceden los primeros premios Nobel. Alfonso XIII es coronado rey de España. Semana Trágica en Barcelona.
1911-1920	1910 Aísla el radio metálico y define el curie. 1911 Premio Nobel de Química. 1912 Sufre una depresión y es operada del riñón. 1914 Inaugura el Instituto del Radio. 1915 Crea las *petites curies* y se traslada al frente de guerra, con su hija Irène.	Primera Guerra Mundial (1914-1918). Se crea la Sociedad de Naciones. Independencia de Polonia (1918). Estalla la Revolución rusa. Agitaciones obreras en España.
1921-1930	1921 Viaja a los Estados Unidos, donde es recibida por el presidente Warren Harding. Recoge el gramo de radio adquirido por suscripción popular.	Proclamación en Polonia de la Constitución de Marzo (1921). Mussolini entra en Roma con los Camisas Negras. Adolf Hitler publica *Mein Kampf*.
1931-1995	1934 Muere el 4 de julio. Es enterrada junto a Pierre Curie. 1995 Sus cenizas y las de Pierre son trasladadas al Panteón.	Hitler, canciller del Reich. F. D. Roosevelt, presidente de EE. UU. Guerra Civil Española (1936-1939).

Ciencia / Tecnología

Primer tranvía eléctrico (Nueva York).
Primer alumbrado público (Londres).
Construcción del primer petrolero.

Thomas Edison inventa la lámpara de incandescencia.
Primera locomotora eléctrica.
Auge de la telegrafía y el electromagnetismo.

Becquerel descubre los rayos uránicos y Roentgen, los rayos X.
Debierne, amigo de los Curie, descubre el actinio, un elemento radiactivo.
Sigmund Freud publica *La interpretación de los sueños*.
Exposición Universal de París, durante la cual se inaugura el primer tramo del metro.

Primer premio Nobel de Física para Wilhelm Roentgen, descubridor de los rayos X.
Albert Einstein formula la teoría de la relatividad especial.
Primeros vuelos de los hermanos Wright.
Primeros automóviles Mercedes en Alemania.

Ernest Rutherford presenta su modelo atómico.
El Ford T es el primer automóvil montado en serie.
Alexander Fleming descubre la penicilina, el primer antibiótico.

Charles Lindbergh cruza el Atlántico sin escalas.
Se aísla la hormona insulina.
Primeras emisiones diarias de televisión (Inglaterra).

Vuelo aéreo alrededor del planeta.
F. Joliot-Curie e Irène Curie, premio Nobel de Química (1935) por el descubrimiento de la radiactividad artificial.

Artes / Cultura

Marx publica *El capital*.
Escuela impresionista de Monet, Renoir y Dégas.
Nace Albert Einstein.

Nacen Pablo Picasso y Charles Chaplin.
Muere Dostoievski.
Drama realista de Ibsen, Chejov y Shaw.

Rudyard Kipling publica *El libro de la selva*.
Primera sesión de cinematografía pública en Francia.
Mueren Friedrich Nietzsche y Oscar Wilde.

Primera exposición de Picasso en París.
Auge del modernismo.
Fallecen Giuseppe Verdi y Julio Verne.

Nace Miguel Delibes.
Manuel de Falla estrena *El amor brujo* en Madrid.
Mueren Rubén Darío y Gustav Mahler.

Primera película sonora, *El cantor de jazz*.
Exposiciones internacionales de Barcelona y Sevilla.

Premio Nobel de Literatura para el escritor Jacinto Benavente.
Mueren Antoni Gaudí y Franz Kafka.

Me llamo...

Es una colección juvenil de biografías de personajes universales. En cada volumen una figura de la historia, de las ciencias, del arte, de la cultura, de la literatura o del pensamiento nos revela de una forma amena su vida y su obra, así como el ambiente del mundo en el que vivió. La rica ilustración, inspirada en la época, nos permite sumergirnos en su tiempo y su entorno.

Marie Curie

Esta insigne y abnegada científica francesa, de origen polaco (nació en Varsovia), tuvo la suerte de vivir su infancia en un hogar culto, amante de la lectura y ansioso de conocimientos. Tras ampliar estudios en la Sorbona, sus investigaciones le llevaron a descubrir la radiactividad del torio y del radón. Contrajo matrimonio con Pierre Curie, con quien trabajaría intensamente y descubriría el polonio y el rodio, siendo ambos galardonados con el premio Nobel de Física. Tras la muerte de su marido, fundó el Instituto del Radio, y durante la Primera Guerra Mundial contribuyó eficazmente, con las aplicaciones de los rayos X, a la asistencia de los heridos. En 1911 se le concedió el premio Nobel de Química, convirtiéndose así en la única persona en toda la historia que ha recibido esta distinción dos veces.